Avallon
1924

Pater, Walter Horatio

Vezelay, essai d'histoire d'art religieux

VÉZELAY

Essai d'Histoire d'Art religieux

PAR

WALTER PATER

Fellow of Brasenose College

Traduit de l'anglais par le Dr L. VIGNES

VENDU AU PROFIT DE L'HOPITAL D'AVALLON

PRIX : 2 FRANCS

AVALLON

IMPRIMERIE DE LA « REVUE DE L'YONNE »

1924

AVANT-PROPOS

*J'ai trouvé, en lisant les « Miscellaneous Studies »,
un essai d'histoire d'art religieux, écrit en suite de sa
visite à Vézelay, par Walter Pater, écrivain anglais,
Fellow of Brasenose Collège, qui, de 1866 à 1894,
année de son décès, a publié de nombreuses et intéres-
santes études littéraires, historiques et philosophiques.*

*Quelques amis, que ne laisse jamais insensibles ce
qui a trait à l'Avallonnais, m'ont suggéré que la
lecture de ces pages pouvait être agréable à nos
compatriotes. J'ai aussitôt demandé l'autorisation
d'en publier une traduction. M. Mac'Millan a acquiescé
à ma demande avec un empressement et une amabilité
extrêmes, auxquels je suis heureux de rendre hom-
mage.*

*La construction de quelques phrases, des passages
légèrement obscurs peuvent choquer une certaine
classe de lecteurs. Je réclame l'indulgence de ces
puristes ; et, je suis persuadé qu'elle ne me fera pas
défaut. D'autant que la main pieuse qui a réuni en
volumes les essais de Walter Pater, après son décès,
avertit le lecteur de l'existence dans le texte original
de l'article sur Vézelay, d'imperfections, que n'aurait
certainement pas laissé passer l'auteur, s'il lui avait
été donné le temps de procéder lui-même à la publi-
cation des « Miscellaneous Studies ». Enfin, ils savent
combien le génie propre à chaque langue asservit aux*

*exigences du texte, la rédaction du traducteur dési-
reux d'en déformer le moins possible la pensée. Lord
Byron disait « qu'une des calamités attachées à la
gloire d'un poète était celle d'être traduit dans une
langue étrangère. »*

*Certes, une traduction évapore toujours d'une façon
plus ou moins absolue le charme du style de l'auteur
et la lecture des originaux, à ceux à qui elle est possible est infiniment plus attrayante, « mais faute de
grives on mange des merles ».*

Guillon, juillet 1924.

Dr L. VIGNES.

---

* Miscellanées, mélanges d'études.
** Editeur : Mac'Millan and C^o Limited, St-Martin's Street,
Londres.

VÉZELAY [1]

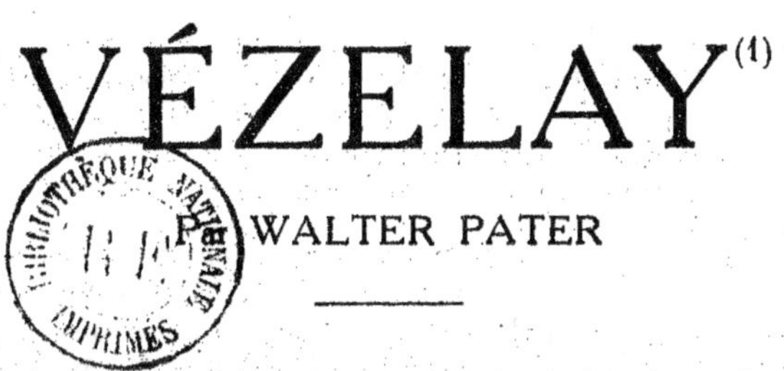

WALTER PATER

Lorsqu'au dessus des cottages et des cours d'eau de la campagne environnante on aperçoit le faîte du toit, de forme plutôt basse pour la France, de l'église abbatiale de Pontigny, la plus vaste des églises cysterciennes existantes de nos jours, on la prendrait volontiers pour un grand bâtiment de ferme. Vue de plus près, il se dégage quelque chose sans prétention, quelque chose d'agréablement anglais, de ses murailles uniformément grises, percées de hautes fenêtres ogivales, tout comme si elles prenaient jour sur les basses terres de l'Essex, les prairies du Kent ou du Berkshire, contrées dont vinrent ces saints exilés — nos compatriotes — qui ont fait la célébrité du cloitre de Pontigny, où se trouvent les reliques de l'un d'eux, saint Edmund d'Abingdon, *saint Edme* (2).

Le site, que choisirent les fils de saint Bernard, pour y édifier leur demeure, est une prairie au milieu d'une région de vignobles réputés (3). De même que ses majestueuses rivales clunissiennes, l'église possède un portail ouest, de structure élégante, mais de proportions relativement humbles, abrité par un toit de tuiles plates. A l'intérieur, un épais revêtement de badigeon à la chaux s'harmonise aux formes simples de la « Transition », au premier style ogival, à la conception remar-

---

(1) Publié dans la *Nineteenth Century*, numéro de juin 1894 et réimprimé dans cette ouvrage avec la gracieuse permission des propriétaires. (Note du texte.)

(2) Tous les mots en italique le sont également dans le texte anglais. (Note du traducteur.)

(3) Chablis, 45 kilomètres d'Avallon.

quablement sobre, l'uniformité, la netteté de l'édifice.
La longue perspective de la nef et du chœur se termine,
avec une gracieuse légèreté, en un *chevet* percé de sept
baies étroites et fort rapprochées les unes des autres.
C'est comme une église de nonnes, ou mieux comme
une coiffe de nonne.

L'église de Pontigny, prototype de la généralité des
églises cisterciennes — y compris certaines des plus
belles parmi les primitives d'Angleterre — signifie en
réalité un mouvement de réaction contre l'esprit monastique lui-même, tel qu'il était devenu dans l'ordre de
Cluny, dont le caractère est traduit dans les splen-
deurs énergiques, mais à demi-barbares des formes
les plus riches du *roman* — style architectural éminement monastique — ainsi que l'on en peut juger
encore de nos jours à la Charité-sur-Loire, à Saint-
Benoît ; et, par dessus tout, au sommet de la colline de
Vézelay. Saint Bernard, qui a contribué à l'immense
influence de l'ordre de Citeaux par ses réformes monas-
tiques, encore qu'il eût le goût des hymnes, qu'il fut un
religieux éminement poète et qu'il ait, par ailleurs,
ravivé le roman expirant des Croisades, avait, en ce qui
concerne le monde visible, beaucoup d'un Puritain.
N'est-ce pas lui qui, absorbé dans ses méditations sur le
monde invisible, marchait sur les bords du lac Leman
sans le voir ? Peut-être prenait-il les neiges éternelles
des monts pour les murailles de la Nouvelle-Jérusalem
et les vagues bleues pour son pavé de saphyrs ? Dans
les églises de l'ordre qu'il réforme, il réclame la simplicité, la sévérité même, ayant la chance de trouver une
élégante expression des souhaits de son âme dans le
gothique de Pontigny, comme dans celui de la première
église cistercienne, celle de Citeaux, détruite depuis
lors. Chose passablement étrange, alors que les idées
de saint Bernard, survivance du passé (ce que sa dispute
avec Abélard nous permet de constater) étaient hiérar-
chiques, réactionnaires, ennemies de la nouveauté, le
style architectural qu'il préfère marque l'origine du
nouveau siècle. Style qui aura une large part dans ce
génie inventif et novateur, cet épanouissement de l'âme
humaine, dont témoignent l'art, la littérature, le mouvement religieux du xiii° sièle en France, comme en
Italie, où il prend fin avec le Dante.

Bernard a protesté tout particulièrement contre la

sculpture, riche et fantastique, mais attristante, indécente parfois, en honneur, plus largement que partout ailleurs, dans les églises de Bourgogne et spécialement dans celles de l'ordre clunissien. « Quelle est l'utilité, disait-il, en peinture et sculpture de ces monstres grotesques ? » (1), faisant sans doute allusion à ces merveilleuses sculptures de Vézelay, où il vint souvent — tout particulièrement le vendredi saint de 1146 — pour y prêcher, comme l'on sait, la seconde Croisade, en la présence de Louis VII. Et il pouvait y pleurer à la vue de cette foule condamnée (on dit qu'un sur dix seulement revint de la terre sainte), dont l'enthousiasme, sous le charme de son éloquence fougeuse, s'éleva à la hauteur de son thème. Les nefs de Vézelay ne furent pas suffisantes à contenir la multitude de ses auditeurs : il prêcha en plein air du haut d'un roc qui saille au flanc de la colline Des armées, en effet, ont plusieurs fois campé sur les coteaux et dans les prairies de la vallée de la Cure, qui semblent maintenant intangiblement paisibles. L'ordre clunissien déjà même avait dévié de ses données originales, et ce déclin s'accentua aussi dans l'abbaye de Vézelay peu après le temps de saint Bernard. Sa majestueuse, immuable église était achevée au milieu du xiiᵉ siècle. Et elle reste debout en dépit de bien des secousses, tandis que les bâtiments conventuels qui l'environnaient ont disparu ; et l'institution qu'ils abritaient — sécularisée à sa propre demande lors de la Réformation — était tombée à presque rien lorsque, dans le siècle dernier, le dernier des abbés construisit, en place de l'ancien logis gothique, sous ces murailles solennelles, une forme de *Château Gaillard*, svelte construction Louis XV — balayée elle aussi par la tourmente révolutionnaire — sur l'emplacement de laquelle poussent maintenant de grands chênes, habitats de corbeaux et d'écureuils.

Toutefois, en son temps, en cette sombre période du xiᵉ au xiiᵉ sièle, l'ordre de Cluny a bien servi ceux

____

(1) « Telle est la variété de ces formes fantastiques qu'on a plus de plaisir de lire sur le marbre que dans son livre, et qu'on aime mieux passer le temps à les admirer tour à tour qu'à méditer la loi de Dieu. » (Saint Bernard). N. du t.

auxquels la religion, l'art et l'ordre social sont chers. En fait, les Clunissiens représentaient le monasticisme dans la forme la plus exacte de son activité, et, si l'église de Vézelay n'était pas la plus grande de leurs églises, elle est certainement la plus vaste de celles qui nous restent. Elle est vraiment caractéristique. De même que Notre-Dame d'Amiens est surtout l'église d'une ville, d'une commune, de même la Madeleine de Vézelay est l'église type d'un monastère.

Le style essentiellement monastique, dans sa puissance et son influence propres, fut le roman ; et, dans l'ordre de Cluny, nous pouvons saisir mieux que n'importe où ailleurs, à quel sommet il atteignit réellement, quelle fut son action sur les esprits, sur l'imagination.

Les Cistérciens, comme à Pontigny, bâtissaient, pour la plupart, leurs églises dans de basses vallées, pour obéir au vœu du fondateur de leur ordre. L'église des Clunissiens, au contraire, s'élève au milieu des maisons étroitement serrées de la petite ville, à laquelle elle devait protection et qu'elle avait droit de punir, au faîte de la colline escarpée, semblable à un long coffre massif, pesant sur vous, tandis que vous grimpez lentement la route en lacets, le vieux sentier inchangé de saint Bernard. Dans les temps passés, elle tenait en respect les villages environnants par quatre tours solidement bâties ; elle avait en outre une flèche au-dessus du transept ; et sans aucun doute, à cette époque, elle était comme une version plus imposante des constructions qui couronnent encore la colline de Laon. Extérieurement, les proportions, la forme carrée de la nef (ouest est), le vaste *narthex* ou porche, et le chœur gothique, s'élevant au-dessus de son faîtage, rappellent celles d'une autre grande église de chez nous, celle de la nef de Winchester, dont Wikeham sculpta richement· les panneaux intérieurs. A Vézelay toutefois, le roman, le roman bourguignon, identique d'un bout à l'autre dès la conception première de l'édifice, par l'aspect imposant, à la fois, de ses énormes pierres, de la masse de sa maçonnerie presque ininterrompue, son *inertia* tient davantage du caractère impérial et se rapproche plus du roman antique que ses congénères plus frêles d'Angleterre ou de Normandie. Il semble que nous ayons face à nous une architecture romane, fille non point de celles des basiliques ou temples romains, mais de celle

des arênes, des portiques colossaux, des arcs de triom-
phe du peuple de l'Empire, semblables aux vestiges que
nous en voyons encore, et cela pas seulement dans le
sud de la France. Les arcs-boutants (1) ou plutôt pen-
chés, presque couchants, quadrant de cercle, pourraient
figurer comme partie d'un aqueduc romain. En contraste
avec la légèreté du gothique du dernier quart du
xii⁰ siècle (que nous rencontrons ici comme un soulagement pour l'œil, pour l'âme, au sortir d'un horrible
monde souterrain dans la joyeuse lumière diurne),
l'église clunissienne figure un instrument survivant de
la tyrannie de fer de Rome, de sa tyrannie sur les esprits
animaux (2). De même que le fantôme de la Rome antique attarde encore « sur son tombeau », dans la pa-
pauté, la hiérarchie, de même les constructions maté-
rielles, églises clunissiennes et autres romanes, sont
l'expression la plus adéquate (3) du système hiérarchique,
du système papal. Il se dégage de cette église de Vézelay,
de l'effort patient et longuement soutenu qu'elle nous
conte, quelque chose qui rappelle à l'esprit le travail des
esclaves dont les accidentels ébats fescennins (4), ainsi
que les souvenirs proches encore, de mœurs barbares,
se traduisent, de places à autres, dans les étranges sculptures de l'édifice. Néanmoins en ce lieu, pour une fois,
autour de cette grande église française, on goûte la
douceur reposante des « enceintes » (5) anglaises ; et, la
campagne, vue de cette acropole monastique, dans la

(1) Dans le texte : the simple « flying » or rather leaning and
almost couchant, buttress, quadrants of a circle, etc. Flying
buttress est la traduction d'arc-boutant, je crois qu'il faut entendre les arceaux qui surmontent les piliers de Vézelay ; que
de même leaning and almost couchant, doivent signifier l'arc
surbaissé. (N. du t.)

(2) Dans le texte : *animals spirits* doit signifier, dans l'être
matériel. (N. du t.)

(3) Emphatically, avec emphase, ne s'emploie pas en français
dans le sens anglais.

(4) De la ville de Frescennie (en Italie), célèbre dans l'antiquité par la licence de ses mœurs. (N. du t.)

(5) Dans le texte « *precincts* », clos, ligne extérieure entou-
rant un endroit. Volontiers, les Anglais ménagent de belles
pelouses fleuries à l'entour des églises. (N. du t.)

direction du sud, est fort plaisante lorsque nous émergeons des ombres — oui ! de cet édifice particulièrement lugubre — campagne des plus plaisantes par le fait du travail, y exécuté, ou exigé d'autrui, par les moines, durant de longs siècles : le *Morvan,* avec ses collines bleues dans le lointain, ses premiers plans mouvementés, ses vignobles, les taches, des forêts, les routes serpentant sous leurs frais ombrages ; encore (1) qu'en vérité l'aspect de forteresse de l'église monastique et la teinte sombre de ses pierres préparent bien plus l'âme aux impressions d'un ciel orageux.

Par une porte, qui dans les grands jours (2) donnait accès dans un magnifique cloître, vous pénétrez dans ce qui peut paraître le préau d'un cloître, superbement voûté, allongé et régulier, construit en puissantes pierres de couleur métallique. C'est le bas-côté sud de la nef, nef de dix baies, le plus vaste vaisseau de France, du monde, peut-être. Dans son éclairage atténué (3), vous vous sentez oppressés par l'esprit du monasticisme (4) romain, à demi-militaire, symbole parfait d'une religion soucieuse d'inspirer la crainte (5). Le monasticisme, en effet, est le produit de tendances très différentes de l'âme religieuses (6) dont certaines s'expriment très exactement par le style ogival, tel nous le voyons dans les élégants bas-côtés de Pontigny, expression de la pureté, de la douce humilité de l'âme de Bernard. Mais c'est ici, à Vézelay, en ce lieu de fer, que le monasticisme. dans sa signification centrale, historique, se montre le plus complètement chez lui. Il n'existe pas de triforium. La monotone longueur claustrale de la muraille au-dessus de sa longue série d'arceaux arrondis, puissants, est ininterrompue, sauf par une unique et petite fenêtre dans chaque travée, placée aussi haut que possible, juste sous la corniche, comme par réflexion après coup, peut-on penser. Ces fenêtres étaient sans doute, non vitrées et fermées seulement par des volets de bois lorsque les

---

(1) Opposition à pleasanter (des plus plaisantes). (N. du t.)
(2) Jours de jadis. (N. du t.)
(3) Mortified light.
(4) Vie monastique. (N. du t.)
(5) Religion of threats, religion de menaces. (N. du t.)
(6) En tant qu'ils s'agit de roman. (N. du t.)

circonstances le réclamaient. Munies de vîtres teintées de l'époque, elles auraient rendu l'église presque obscure, mais favorisé ainsi le plein effet lumineux des cierges, utiles ici en tous cas. Une voûte en berceau, semblable à celle d'un tunnel d'une extrémité à l'autre de la longue nef centrale, ajoute par la simplicité de sa forme au magnifique effet d'unité. Les arcs-doubleaux, qui s'élancent d'une travée à l'autre, partiellement colorés, avec des *ooussures* alternativement gris-blanches ou verdâtres, quelque peu aplaties à la clef de voûte et litéralement excentriques, présentent, tout au moins pour un œil anglais, quelque chose de sarrazin, d'oriental.

Encore une fois, c'est comme si les architectes — les ingénieurs — qui ont travaillé ici, avaient vu des choses inimaginées par les autres constructeurs d'Angleterre et de Normandie.

Ici donc, atténuant à peine le caractère presque sauvage de l'œuvre, abondantes sur le tympan de la porte principale et sur les imposants chapiteaux de la nef, se trouvent les sculptures qui offensaient Bernard (1). Un somptueux bandeau, une *guipure* sculptée, d'une singulière effronderie, court sans interruption autour des arceaux ainsi que le long des corniches d'une travée à l'autre, et, par l'accentuation du relief (2) de l'ornement entier, il peut être considéré comme typique de la puissante sculpture bourguignonne. Des chapiteaux sculptés, à aimer ou à haïr avec saint Bernard, on compte environ une centaine, nullement fastidieux en raison de leur diversité, uniques dans l'énergie de leur conception, pleins de sauvages promesses dans leur rude exécution, cruels, pouvez-vous dire, dans la réalisation des formes et des attitudes humaines. Ils retiennent irrésistiblement l'attention.

Les sujets sont pour la plupart tirés des Ecritures, choisis apparemment comme se prêtant le mieux à une

---

(1) « La hauteur immense des églises, leur longueur extraordinaire, l'inutile ampleur de leur nef, la richesse des matériaux polis, les peintures qui attirent le regard, etc. » Lettres de saint Bernard, né au château de Fontaine, Bourgogne. (Note du traducteur.)

(2) Dans le texte : the large bossy tendency of the ornement..... of Burgundian richness.

exécution fortement satirique : le suicide de Judas, la
chute de Goliath. La légende de saint Benoit, naturellement à sa place, dans une église de Bénédictins, offrait au
sculpteur une série de très grotesques sujets à traiter.
Quelques histoires de moines, à demi-morales, à demi-
facétieuses, peut-être un peu lourdes, telle celle de
sainte Eugénie, constituent de temps à autre une diver-
sion ; ou bien, c'est l'exemple du châtiment des mé-
chants par les hommes ou les démons, lesquels, entièrement gais et amusés, tiennent une large place dans ces
compositions. On dirait que le sculpteur a été témoin
de la punition du blasphémateur ; avec quelle adresse le
bourreau place-t-il son genou sur la poitrine du patient,
étendu à terre, et attire-t-il au dehors cette langue pour
la pincer dans ses tenailles de fer. La pensée de ces
artistes semble avoir été uniquement préoccupée, presque follement, des attitudes humaines, mais en aucune
façon, de ce qu'elles peuvent offrir de charme et de
dignité (1). Audacieuse, crue, originale, leur œuvre ré-
vèle du plaisir dans la faculté de reproduction d'un fait,
de son côté curieux, mais peu ou pas de sentiment de
beauté. Le genre humain représenté ici est donc, comme
en général dans la sculpture clunissienne, entièrement
inconventionelle (2). M. Viollet le Duc pensait qu'il doit
reproduire des types d'individus comme on en rencontre
encore parmi les paysans du Morvan. Humanité et mo-
ralité (3), toutefois, disparaissent par intervalles, les
chapitaux à acanthes possèdent un genre de beauté

(1) « L'école bourguignonne, avec Cluny pour centre, se
distingue par son activité, par sa hardiesse, à s'affranchir des
traditions......
L'école bourguignonne est pleine de sève et d'audace, l'aspect de la vie l'attire, elle veut le rendre ; au portail de Vézelay
et à celui d'Autun, les figures longues, grêles, mal agencées,
paraissent presque grotesques ; mais on sent du moins la bonne
volonté de se remuer, et les types des figures attestent déjà
l'observation de la nature », in Bayet, précis d'histoire d'art.
(Note du traducteur.)
(2) Dans le texte : unconventional n'existe pas dans les dic-
tionnaires anglais, pas plus, du reste, qu'inconventionel dans
le français ; il faut lire : n'est pas de convention.
(3) Dans le texte : morality, il faut entendre : allégorie.

dernier vénitien, tels les oiseaux vénitiens, les paons de convention, oiseaux complètement de fantaisie, au milieu de longs et fantastiques feuillages. Mais on n'aperçoit pas encore de véritables fleurs des champs. Il y a, d'autre part, il faut le reconnaître, de la pitié, et la délicatesse, la beauté qu'elle apporte toujours avec elle, dans Jephté regardant à la dérobée le visage de sa fille, en soulevant timidement les larges feuilles qui recouvrent son cadavre ; dans le corps pendu d'Absalon ; dans l'enfant emporté par l'aigle, sa longue tunique enroulée par le vent. Les parents se ruent, remplis d'effroi ; et le diable ricane, non parce que c'est le châtiment de l'enfant, mais le leur ; uniquement, parce qu'il est, en tous lieux, l'auteur du mal, ainsi que le moine sculpteur le concevait aisément.

Nous devons noter que tout autre genre de sculpture, moins énergique (1), eut produit un bien faible effet en cette sombre nef, parce qu'il y eut été pratiquement invisible. Mais à l'extrémité ouest existe un soulagement pour l'œil, pour l'âme, dans la clarté naturelle d'un après midi ensoleillé, perçue non pas en plein air, mais au travers d'une arcade composée de trois puissants arcs de plein ceintre, situés au-dessus des grandes portes fermées, en un local quelque peu plus spacieux, plus élevé, un réservoir de lumière, véritable *« camera lucida »*. Cette clarté provient du dessous de la voûte de la tribune du fameux *narthex* (comme on le nomme), la vaste antichambre ou vestibule de l'église, dans lequel se prolonge la nef. Particularité remarquable de nombreuses églises clunissiennes, ce grand porche ouest, dont les dimensions sont approchées en Angleterre seulement, à Peterborough, se rencontre également dans quelques monuments cysterciens. Il caractérise, en fait le style bourguignon bien plus que l'architecture, de l'un ou de l'autre de ces ordres religieux. A Pontigny, par exemple, il en existe un beau : il y en a un très ancien à Paray-le-Monial ; Saint-Père-sous-Vézelay, rejeton de la grande basilique, dans la vallée qui s'étend à ses pieds, en possède un en gothique nouveau ; Semur,

(1) Dans le texte : emphatic.

également, avec de merveilleuses (1) loges au-dessus. La
cathédrale d'Autun, église séculière, rivale des « religieuses » présente en guise de porche ou vestibule, deux
travées de la nef, avec un large ceintre tourné vers
l'ouest, non vitré, ouvert à tous les vents ; la façade
ouest ainsi que son riche portail sont reculés dans le
fond de la profonde antichambre ménagée de la sorte
à l'église.

Le *narthex* de Vézelay, la plus vaste de ces constructions spéciales, est vitré et clos du côté ouest par ce qui,
de nos jours, constitue la *façade*. En réalité, il est à lui
seul une grande église, à trois magnifiques ouvertures
mesurant la largeur de la nef et des bas-côtés, avec un
triforium spacieux. Avec leurs sculptures énergiques,
mises ainsi à l'abri des accidents et des intempéries,
conservées dans leur première fraîcheur, les vastes por-
tails de la *façade* primitive servent maintenant de
seconde porte, d'entrée solennelle à l'intérieur de
l'église proprement dite. La disposition du narthex, ses
rapports avec l'édifice principal, indique que l'on en
devait user occasionnellement, lorsque, à certaines
grandes fêtes, spéaialement celle de la Madeleine, à laquelle est dédiée l'église de Vézelay, le monastère était
plein de pèlerins, trop pauvres, trop nombreux, pour
être logés en ville, venus pour adorer les reliques de
l'Amie de Jésus, enchassées dans une crypte à voûte peu
élevée, dont le sol est la surface du roc sur lequel
l'église est bâtie. Peut-être ces pèlerins étaient-ils auto-
risés à passer là leur nuit, non seulement sur le pavé,
mais aussi (lorsque plus favorisés) dans la chambre,
haute et sèche, formée par le spacieux triforium du bas-
côté nord, en attendant la première messe.

Donc, la façade primitive ouest, est devenue un
simple mur de séparation ; et au-dessus de son portail
central, où existaient des ouvertures en plein ceintre,
s'étale maintenant une espèce de large tribune voûtée,
ayant pleine vue sur toute l'étendue de l'église. En son
milieu s'élève un autel, et probablement le prêtre, qui
qui y officiait, étant visible à toute la multitude assem-
blée de l'Est à l'Ouest, se disait la première messe.

(1) Dans le texte : fantastic.

Le vaste vestibule fut terminé quarante ans environ après l'achèvement de la nef, vers le milieu du xııᵉ siècle. Et ici, dans les hauts piliers des voûtes, dans la travée Est, conjointement à la puissante maçonnerie, les surfaces larges, plates, sans moulures, au milieu des sculptures fantastiques du monument roman, apparaît nettement, mais discrètement, le style ogival — il apparaît sinon pour la première fois, du moins pour la première fois dans l'évolution organique ou systématique de l'architecture française. Ce n'est pas dans la façade sans prétention de Saint-Denis, ni dans les austères bas-côtés de Sens, mais à Vézelay, dans ce grandiose vaisseau (1), si approprié à l'événement, que Viollet-le-Duc veut voir le lieu de naissance du style ogival. Ici, tout au moins, sans aucune préoccupation du contraste, mais par suite d'une véritable « transition » et comme du fait de la force propre de sa maturité, l'arc rond se brise dans une prodigieuse poussée de grâce, en une double courbe, les *arcs brisés*. Et l'effet sur l'imagination est incontinent élargi ; au delà, bien au delà, de ce qui se présente, avec force au regard dans cette courbure spéciale, dans sa grâce mystérieuse, ainsi que par la majesté, l'élévation de la méthode ogivale de construire les voûtes, l'imagination est incitée à interpréter sa réelle et propre signification. La maçonnerie, bien que puissante, est agréablement agencée ; un bel éclairage est assuré par des ouvertures tournées vers l'ouest, nettement gothiques. A Amiens, nous trouvons le style gothique régnant exclusivement, à en être fatiguant. A Vézelay, où il respire pour la première fois au milieu des lourdes masses du style impérial, il exprime le véritable esprit du calme monastique. Et puis, tandis qu'à Amiens et plus encore à Beauvais, à Saint-Quentin, on s'étonne de la façon dont ces monuments des temps passés ont pu durer si longtemps, dans le strictement monastique Vézelay on éprouve un sentiment de fraîcheur, identique à celui que l'on perçoit, malgré leur ruine, dans les monuments de la Grèce. Ce qu'on éprouve, ce n'est pas tant, qu'à Amiens, la sensation d'antiquité, mais celle de la durée éternelle.

Mais laissez-moi vous placer, une fois encore, là où

____

(1) Fabric.

nous nous sommes arrêtés un instant, en pénétrant par la porte du milieu du long bas-côté sud. Traversez-le et jettez un coup d'œil sur la perspective d'ensemble. Au loin, à gauche, l'œil est attiré en haut vers la calme clarté de la voûte du vestibule, qui nous semble plus spacieux, parce qu'il est partiellement caché en bas, par le mur de séparation. Mais à droite, vers l'Est, comme dans un but voulu de frappant contraste architectural, comme un enseignement quant au rang d'un mode ou de l'autre dans la série architecturale, la longue nef, militaire, en tunelle, la nef romane s'ouvre toute large dans l'égayant éclairage du chœur et du transept, édifié dans le genre de gothique, qu'eût aimé Bernard, et dont le faîtage s'élève au-dessus de celui du corps principal de l'église, *sicut lilium excelsum*. Les fleurs simples, *flora*, du style ogival primitif, lesquelles n'auraient jamais pu paraître chez elles en tant qu'élément de la décoration mi-sauvage de la nef, semblent ici pousser tout naturellement, dans la pierre sculptée, sur le feuillage des piliers sveltes comme des roseaux. Cependant, même ici, le style romain, ou roman, s'attarde encore fièrement dans les colonnes monolithes du *Chevet*. De l'extérieur, on peut juger avec quelle habileté le chœur gothique a été inséré au-dessous et dans la masse du grand édifice roman, plus ancien.

Quelquefois, des visiteurs de la grande église d'Assise (1) ont trouvé une façon de parabole dans l'ascension de la sombre crypte où repose le corps de saint François ; l'obscure traversée de l'église « basse », la hauteur, l'ampleur, l'« illumination » physique et symbolique de l'église haute. A Vézelay, la vue d'ensemble détermine semblable contraste : la splendeur (2), pleine d'espérances, mais transitoires ; l'avenue centrale, longue, sombre ; la « vision ouverte » (3) à laquelle elle aboutit. Le chœur est un diadème digne de l'église de la

---

(1) L'église de Saint-François-d'Assise, près Pérrouse, 22 kil., se compose de trois églises superposées. (N. du t.)

(2) Dans le texte : *glory*, ne peut se traduire par gloire ; il faut entendre *saisissement prestigieux* ; toutefois, splendeur répond au mot anglais.

(3) Dans le texte : « *open vision* » signifie la clarté égayante dont il a été question plus haut (N. du t.)

Madeleine dont les moines ont entendu la coiffer, comme d'un symbole de résurrection.

Et cependant, après tout, nonobstant cette affirmation de supériorité (doit-on dire ainsi ?) du genre du gothique nouveau-né, peut-être par la vraie force du contraste; la *Madeleine* de Vézelay est éminemment une église romane, et par là l'église monastique type. Même, malgré sa restauration, lorsque nous nous y attardons, l'impression du moyen âge monastique, d'une existence claustrale absolument exclusive, qui a réellement tourné le dos à la vie sociale, jalousement renfermée sur elle-même, est singulièrement puissante ; plus encore parce que, comme le paysan répond lorsqu'on lui demande le chemin d'un vieux sanctuaire, devenu une ferme de laboureurs, désertée même enfin par eux, *Maintenant, il n'y a personne là* (1).

(1) En français dans le texte.

IMP. DE LA « REVUE DE L'YONNE » — AVALLON